18 avril 1863

Exemplaire de Beurdeley père

TABLEAUX ANCIENS & MODERNES

COLLECTION

DE

M. GILKINET

CE CATALOGUE SE DISTRIBUE :

A Paris. . . . . chez MM. Pillet, rue de Choiseul, 11.
— — Ferdinand Lancuville, expert.
— — Francis Petit, rue de Provence.
Marseille . . . . . . — Valli, marchand de tableaux, rue Paradis, 24.
Lyon. . . . . — Hoëth, marchand d'estampes, rue Romarin, 9.
Lille. . . . . — Leleux, libraire et marchand d'estampes.
Londres. . . . . . . — Colnaghi, marchand d'estampes, Pall Mall East, 14.
— — Farrer, New Bond street, 106.
Bruxelles . . . . . . — Étienne Le Roy, expert du musée royal, place du Grand Sablon, 12.
Anvers . . . . — Tessaro, marchand d'estampes.
Liége . . . . . . — Van Marcke, marchand d'estampes, rue de l'Université.
Amsterdam . . . . . — Roos, in het Huis met de Hoofden.
— — De Vries, Prinzengracht, 426.
La Haye . . . . . . — Enthoven, marchand de curiosités, sur le Plein, 211.
— — Van Gogh, marchand d'estampes.
Rotterdam. . . . . . — Dirksen, marchand de tableaux, Schiedamschen Dijk Wijk, 3, 440.
Cologne. . . . . . . — Héberlé, marchand d'antiquités.
Berlin . . . . — Lepke, sous les Tilleuls.
Leipzig . . . . — Brockhaus et Cie.
Francfort-sur-le-Mein. — Le professeur Oppenheim.
— — Antoine Baer, marchand de tableaux. place Schiller, 3.
Dresde . . . . — Arnold, marchand d'estampes.
Munich . . . . — Oberdörfer, libraire et antiquaire, place de la Promenade, 1.
Vienne . . . . — Artaria et Ce,
Saint-Pétersbourg . . — Von Regmorter.
— — Negri et fils, marchands de tableaux et d'antiquités.
Rome . . . . — Durantini, peintre.
Florence . . . . . . — Riccieri, peintre.
Genève . . . . — Kühn, marchand d'antiquités, quai des Bergues, 15.
Berne . . . . — J. Woog, marchand de tableaux et de curiosités, Grand-Rue, 213.
Bale . . . . — Schruber et Walz, march. d'objets d'art.

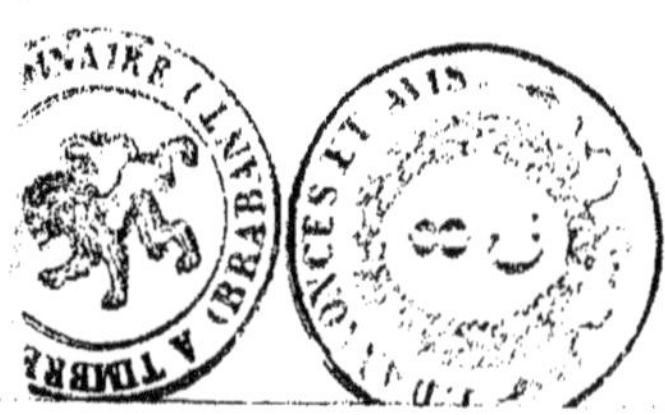

8

CATALOGUE

DE

TABLEAUX

ANCIENS ET MODERNES

DES ÉCOLES

FLAMANDE, HOLLANDAISE ET FRANÇAISE

APPARTENANT A

M. GILKINET

VENTE AUX ENCHÈRES PUBLIQUES

le samedi 18 avril 1863, à deux heures précises

A PARIS

HOTEL DES COMMISSAIRES-PRISEURS, RUE DROUOT

Salle n° 5

Commissaire-priseur : M. Ch. PILLET, rue de Choiseul, 11
Expert : M. Ferdinand LANEUVILLE, rue Neuve des Mathurins, 73

EXPOSITION PARTICULIÈRE	EXPOSITION PUBLIQUE
le jeudi 16 avril	le vendredi 17 avril

PARIS	BRUXELLES
PILLET, commissaire-priseur FERDINAND LANEUVILLE, expert	ÉTIENNE LE ROY, Commissaire-expert du Musée royal

1863

CONDITIONS DE LA VENTE

Elle sera faite au comptant.

Les acquéreurs payeront 5 p. c. en sus des prix d'adjudication

La hauteur (H.) et la largeur (L.) sont indiquées, à la suite de la description de chaque tableau, en mètres et centimètres.

BRUXELLES, IMP. DE BOLS-WITTOUCK.

AVANT-PROPOS

Des deuils successifs qui ont frappé la famille de Monsieur J. P. Gilkinet, notaire à Liége, ont mis cet homme de goût dans la position, pour sortir d'indivis, de vendre le beau choix de tableaux qu'il a formé à l'aide de longues recherches, de soins intelligents, de sacrifices éclairés.

Dans ce cabinet ont figuré en même temps trois des plus remarquables compositions d'un maître aussi aimé que regretté, Ary Scheffer, le peintre à la fois poëte et philosophe, auquel la mort a imprimé sa dernière et suprême consécration. De ces trois compositions, il en reste une dans la collection de M. Gilkinet; mais celle-là, il suffit de la signaler pour provoquer les plus vives, les plus touchantes sympathies. *Les Saintes-Femmes au tombeau du Christ* occupent, en effet, une place d'élite dans l'œuvre d'Ary Scheffer; et la gravure de J. Keller, en achevant de populariser ce tableau vraiment évangélique, nous dispense d'une appréciation qui jaillit de tous les cœurs accessibles au sentiment du beau.

Nous n'avons point à expliquer la décision de M. Gilkinet, choisissant Paris pour la vente aux enchères publiques de ces tableaux, qui aura lieu, à la salle des commissaires-priseurs, par le ministère de M. Ch. Pillet, assisté de M. Ferdinand Laneuville.

Sans doute, Liége et Bruxelles, Anvers et Gand, offrent de nombreuses ressources, et comptent dans leur enceinte une phalange de gens de goût, d'amis éclairés des arts, rivalisant d'ardeur et d'émulation pour se disputer à prix d'or des œuvres magistrales.

Toutefois, la facilité de communications et la multiplicité de relations qui, de nos jours, rattachent de plus en plus Paris aux principales villes de la France et des pays étrangers, en supprimant, pour ainsi dire, les distances, achèvent de justifier le choix de cette grande capitale pour une vente de tableaux, coïncidant avec la prochaine ouverture du Salon d'exposition.

M. Gilkinet nous semble donc avoir été bien inspiré; et plus d'un amateur belge lui saura gré de lui avoir ainsi fourni l'occasion de faire un voyage à Paris.

Indépendamment des tableaux de M. Gilkinet, nous décrivons dans ce catalogue un certain nombre de compositions de peintres flamands, hollandais, etc., ayant fait partie à Bruxelles de la galerie de M. le comte de

Cornelissen. La vente en aura lieu avec celle des tableaux décrits dans les dix-neuf premières pages du catalogue.

Ainsi à côté de productions authentiques des maîtres les plus éminents, les mieux appréciés des écoles modernes : Ary Scheffer, Louis Gallait, Robert-Fleury, Henri Leys, Hippolyte Bellangé, Jalabert, Madou, B.-C. Koekkoek, Saint-Jean, etc., viennent se grouper d'énergiques ou de charmantes compositions, œuvres du pinceau d'illustres maîtres du XVIIe siècle : P.-P. Rubens, Rembrandt, David Teniers le fils, Adrien Van Ostade, Philippe Wouwerman, Jean Steen, Peeter de Hooge, Willem Van Mieris, liste que nous abrégeons, en renvoyant au catalogue même.

C'est un double attrait, celui du passé et du présent, qui recommande aux amateurs éclairés la date du 18 avril 1863, date qui, nous l'espérons, viendra une fois de plus démontrer, par l'ardeur et la rivalité des enchères publiques, que là se trouve la véritable pierre de touche des trésors de l'art.

ÉTIENNE LE ROY.

Bruxelles, le 28 mars 1863.

TABLEAUX MODERNES.

1. BELLANGÉ (HIPPOLYTE).

LES AUTORITÉS EN GOGUETTES.

C'est surtout comme peintre de batailles que M. Hippolyte Bellangé a conquis une réputation méritée, en devenant maître à son tour, après s'être signalé comme un des meilleurs élèves de Gros.

Toutefois, une composition dans le genre familier nous fait connaître une face nouvelle d'un talent qui rivalise ainsi avec Charlet, tout en rappelant les scènes piquantes qu'affectionne l'école flamande.

Un maire avec l'adjoint et le garde champêtre de la commune a fait un véritable festin pantagruélique, si l'on en juge par les débris tombés de la table renversée et par l'état d'ivresse complète où se trouvent les joyeux convives.

Au tapage qui marque l'issue du banquet, le village entier a pris l'alarme, et de prudentes ménagères sont allées chercher le brigadier de la gendarmerie pour que le digne agent de la force publique mette le holà, et empêche la destruction de tout le mobilier de la salle du festin.

Le maire est armé d'un gigot à moitié rongé et d'un soufflet; à ses pieds gît un tricorne; l'adjoint a saisi un poêlon et une écumoire; le garde champêtre, moins aviné, se cache à demi. Quant au brigadier, ancien militaire décoré de la Légion d'honneur, il croise ses mains sur la poignée de son sabre dans un étonnement mêlé d'indignation, qui contraste de la manière la plus piquante avec l'ardeur belliqueuse des fonctionnaires municipaux.

Plusieurs spectateurs, des femmes, des enfants groupés au seuil et en dehors de la porte, achèvent de caractériser cette scène remplie d'animation tragi-comique.

H. 46 cent. L. 54 cent. Bois.

2. BRIAS (Charles).

LE DORMEUR.

Au coin d'une maison, un dormeur s'est paisiblement arrangé pour faire sa sieste, mais deux fripons d'enfants (cet âge est sans pitié vont le réveiller en lui donnant un *renfoncement*, c'est-à-dire en lui enfonçant brusquement son chapeau, avant de fuir par la rue dont la maison forme l'angle.

H. 27 cent. et 1/2. L. 22 cent. Bois.

3. DAVID (Jacques-Louis), (signé).

LA MORT D'ARISTIPPE.

On sait que David se préoccupait avant tout de l'antiquité hellénique ; son vœu le plus cher, sa constante pensée, étaient de remonter vers le passé et de chercher dans ses œuvres à devenir l'émule des artistes grecs, un contemporain du siècle de Périclès.

Ce sentiment, qui l'a si bien inspiré dans son beau tableau de la *Mort de Socrate*, le guide aussi dans la reproduction des derniers moments d'Aristippe, voulant charmer son agonie par les accords harmonieux de la lyre d'une jeune et belle Ionienne, tandis que des fleurs et des emblèmes scientifiques, placés auprès du philosophe, rappellent ce culte du plaisir auquel il avait voué sa vie et qu'il charge d'adoucir l'heure suprême de la mort.

H. 83 cent. L. 99 cent. Toile.

---

4. DELAROCHE (Paul).

SAINTE CÉCILE.

C'est une réduction que Paul Delaroche a faite lui-même de son beau tableau représentant sainte Cécile touchant de l'orgue que lui présentent deux anges à genoux.

Cette composition popularisée par la gravure n'a pas besoin d'être décrite ; il suffit de mentionner le sujet et d'ajouter que Delaroche, fidèle à ses propres traditions, a su faire une œuvre grandiose sur des proportions réduites.

H. 14 cent. L. 11 cent. Toile.

---

5. DIAZ DE LA PENA (Narcisse).

LA VÉNUS AU MIROIR.

Depuis Laïs, devenue vieille et offrant son miroir à Vénus toujours jeune et toujours belle, les peintres et les poëtes ont souvent reproduit un sujet que Diaz a su rénover en quelque sorte par la manière dont il l'a traité.

C'est Vénus assise auprès d'une colonne cannelée, avec des fleurs, une cassette entr'ouverte et des bijoux sur le sol ; derrière la déesse, une draperie rouge ; à sa main un miroir ovale dans lequel elle se regarde avec coquetterie, et dont deux Amours suivent la réflexion, tandis qu'un autre Amour, qui plane sur la tête de la déesse, complète cette scène gracieuse.

H. 45 cent. L. 37 cent. Toile.

GALLAIT (Louis).

JEANNE LA FOLLE.

Nous sommes en présence d'un épisode où la réalité semble dépasser l'émotion que l'art excite; mais le talent du peintre a su éviter l'écueil d'un pareil sujet; tout en étant fidèle à la vérité de l'histoire, il a fait une œuvre poétique qui attire, qui captive les regards. Voilà bien le délire de la passion chez l'infante d'Espagne, chez dona Juana, qui ne veut pas croire à la mort de son mari, qui s'attache en quelque sorte à ce cadavre, où nous retrouvons la beauté de l'archiduc Philippe, du père de Charles-Quint. La mort semble avoir perdu son caractère lugubre, et pourtant quel saisissant contraste entre dona Juana et Philippe!

Expression, dessin, coloris, toutes les qualités qui recommandent à un degré si éminent le talent de M. Gallait, se retrouvent dans ce tableau, qu'il a peint sur de plus grandes dimensions pour la reine de Hollande, et qu'il a reproduit ici, sans rien perdre de la vigueur et de l'animation caractérisant la même page, qui a excité une sensation si profonde à l'exposition universelle de Londres en 1862.

H. 1 m. 20 cent. L. 1 m. Toile.

---

7. GREUZE (Jean-Baptiste).

PORTRAIT DE GEORGES WILLE.

Un portrait peint par Greuze, et dont la gravure constate l'authenticité, devient une œuvre d'art que recherchent tous les connaisseurs heureux de manifester leurs sympathies pour un des maîtres les plus célèbres, les mieux appréciés du dix-huitième siècle. L'école française n'a pas eu à cette époque de talent plus pur et plus vrai.

Aussi on est enchanté de voir le pinceau de Greuze reproduisant les traits d'un graveur justement estimé, avec lequel il était lié d'amitié. Comme modelé, dessin et couleur, c'est une œuvre digne de son auteur; un pareil portrait a donc sa place marquée dans une galerie historique.

H. 61 cent. L. 49 cent. Toile.

8. JALABERT (Charles-François).

LES NYMPHES ÉCOUTANT ORPHÉE.

Né à Nîmes en 1819, élève distingué de l'illustre Delaroche, complété par un voyage et un séjour de trois années en Italie, où il peignit son beau tableau : *Virgile lisant les Géorgiques,* qui figure aujourd'hui à la galerie du palais du Luxembourg, Charles-François Jalabert s'est signalé en représentant *les Nymphes qui écoutent Orphée.*

Voilà bien un site abrupte et sauvage des montagnes de Thrace. Au fond d'un ravin, coule le Strymon, et sur les rocs qui s'élèvent en étages ombragés d'arbres séculaires, douze nymphes admirablement disposées sont là sous le charme des chants et de la lyre d'Orphée.

Assis au sommet de la montagne, sous un berceau de verdure lui formant une espèce de portique, Orphée s'abandonne à la douleur de ses regrets, à la puissance de l'inspiration; il invoque son Eurydice. Dans les attitudes aussi gracieuses que variées des nymphes, dans leurs blondes chevelures, ornées de feuillage et de fleurs, dans les formes suaves, presque vaporeuses de ces corps charmants qui rappellent les vers d'Hésiode, l'âge orphéique est traduit à la manière de Ballanche; l'union de la poésie et de la musique, opérant des miracles, devient une réalité tout en touchant à l'idéal.

H. 1. m. 10 cent. L. 90 cent. Toile; cintré.

---

9. KOEKKOEK (Barend-Cornelis.)

PAYSAGE DU TYROL.

C'est bien la nature agreste, sauvage des gorges du Tyrol qu'un des plus grands peintres de l'école contemporaine hollandaise, B.-C. Koekkoek, a prise sur le fait, en nous rappelant les libres et fidèles inspirations des paysagistes dont s'honore son pays natal, les Hobbema, les Ruisdael, les Berchem.

Singulier privilége qui caractérise et distingue les bons peintres hollandais; leur talent excelle dans la reproduction locale des sites de leur patrie; et tout en s'identifiant à la physionomie particulière d'une nature en quelque sorte exceptionnelle, ils savent rendre d'une manière prestigieuse les riches aspects de l'Italie, comme les forêts, les rochers, les torrents et les cascades de l'âpre climat de la Norwége.

Koekkoek nous le prouve par ce grand et beau tableau qui reproduit toute la magnificence des gorges du Tyrol. Arbres qui montent pour chercher l'air et le soleil, ravins déchirés, eaux qui tombent et se précipitent; au sommet, un lac s'épanouissant tranquille dans sa vasque de granit, des chasseurs de chamois arrêtés aux bords de ce lac, un sentiment exquis de couleur locale, la vérité poussée au point de faire illusion, et chaque détail concourant à l'effet de l'ensemble: tout est là sur cette toile qui vous transporte au cœur du Tyrol.

H. 1 m. 30 cent. L. 1 m. 6 cent. Toile.

---

10. LEYS (Henri).

LES PFIFERARI.

M. Henri Leys a toujours préféré les sujets et les personnages, les mœurs et les traditions de la Flandre, de la Hollande, de l'Allemagne aux inspirations que fournit l'Italie.

Pourtant, l'habile artiste anversois a voulu prouver qu'il n'y a pas de zone interdite au talent, et dans cette peinture saisissante et vraie d'un homme et d'une femme de la classe des Pfiferari, il nous révèle toute une face nouvelle des brillantes facultés d'un pinceau qui sait donner la vie, même aux créations qui semblaient le plus opposées aux habitudes de l'artiste.

H. 86 cent. L. 66 cent. Bois.

---

11. LUYCKX (François-Joseph).

LE DÉPART DU MAUVAIS SUJET.

C'est un drame intime et poignant, à la manière de Greuze, que le pinceau de Luyckx a si bien représenté dans ce type de mauvais sujet, qui, après avoir brisé le mobilier de sa malheureuse famille, s'apprête, un petit paquet à la main, à laisser sans appui sa femme et ses enfants.

Sa fille aînée, dont les traits respirent la candeur et la vertu, s'efforce de le retenir avec cette éloquence qui vient du cœur. Tout dans cette composition pénétrante ajoute à l'effet de ce drame populaire.

H. 66 cent. L. 56 cent. Bois.

---

12. MADOU (JEAN-BAPTISTE).

LE MÉNÉTRIER.

Jamais Madou n'a été mieux inspiré que dans cette charmante composition où se manifeste, où éclate tout son talent de peintre observateur et de dessinateur fidèle, attribuant à chaque personnage son caractère, sa physionomie, et par un coloris d'une harmonie ravissante, donnant à l'œil un véritable concert.

Ce ménétrier qui charme son rustique auditoire, ces bons campagnards transformés en *dilettanti* par la puissance magique des accords que le vieillard tire de son violon, sa jeune fille aux traits distingués, à l'attitude résignée, le sentiment de naïve admiration qu'exprime chaque visage, l'homme important, car il y en a toujours à la campagne comme à la ville, qui semble se poser en protecteur, le fini des détails, les heureux effets des divers accessoires complétant cet intérieur de ferme : c'est tout un poëme où Madou se montre le digne émule de son contemporain le célèbre Wilkie.

H. 61 cent. L. 80 cent. Bois.

---

13. LE MÊME.

LE DÉGUISEMENT.

Une jeune fille revêtue du justaucorps vert d'un soldat, ayant une arquebuse sur l'épaule et un feutre à plumes sur la tête, prend une attitude belliqueuse qui provoque la gaieté chez tous les témoins de ce déguisement. L'officier lui-même partage l'hilarité générale.

Cette composition a paru dans le *Musée moderne*, n° 5, lithographiée par M. Lauters.

H. 36 cent. L. 50 cent. 1/2 Bois.

14. ROBERT-FLEURY (Joseph-Nicolas) (*).

LUTHER PRÊTANT SERMENT A L'UNIVERSITÉ DEVANT L'ÉLECTEUR DE SAXE.

Martin Luther a exercé une telle influence sur les destinées de la branche Ernestine de la maison de Saxe, qu'il est impossible de séparer le Réformateur du règne de cet Électeur, qui l'entoura de sa protection au point de compromettre l'avenir de sa dynastie.

Cette étroite coïncidence entre l'apôtre de la Réforme et le sort de l'électeur de Saxe donne un profond intérêt historique et philosophique au serment prononcé par Luther en présence et sous les auspices de son dévoué protecteur.

H. 1 m. 5 cent. L. 85 cent. Toile.

15. LE MÊME.

LUTHER FAISANT AFFICHER SES THÈSES A WITTEMBERG.

Voici l'acte décisif par lequel Martin Luther se sépara de l'Église romaine, en faisant afficher à la porte de l'église du château de Wittemberg ses thèses ou propositions contre les indulgences.

Ce prologue de la Réforme a fourni à Robert-Fleury une page dans laquelle le pinceau du peintre rivalise avec le burin de l'histoire.

H. 1 m. 5 cent. L. 85 cent. Toile.

(*) Nous n'avons pu donner qu'une simple analyse des deux belles productions de M. Robert-Fleury qui se trouvaient à Paris lors de la rédaction du catalogue.

16. SAINT-JEAN (Simon).

FLEURS ET FRUITS.

Voici un des chefs-d'œuvre du peintre lyonnais, de Simon Saint-Jean, qui rivalise avec la nature dans ses plus charmantes créations, et reproduit les fleurs et les fruits, toute la poésie de nos jardins, de manière à faire illusion. La main s'avance involontairement vers cette tablette en pierre que surmonte un fût de colonne et sur laquelle un pinceau prestigieux, que l'on peut appeler une baguette de magicien, a négligemment jeté des raisins, un melon, des framboises avec quelques larges feuilles de vigne aux teintes diaprées, attestant l'influence de l'automne avec son contraste de nuances et de tons si favorables à la gamme de couleurs dont les artistes aiment à parcourir l'échelle.

Un vase en terre cuite, orné de bas-reliefs dans le style de Duquesnoy, contient un bouquet de fleurs, des roses moussues, les unes épanouies dans tout leur éclat, les autres en bouton comme une espérance; quelques pervenches qui font rêver aux prédilections de Jean Jacques, enfin une échappée de vue sur une campagne délicieuse, dont l'œil saisit la perspective : tel est ce tableau qu'il est impossible d'analyser ; car ici la traduction devient trahison.

H. 79 cent. L. 63 cent. Toile.

---

17. SCHEFFER (Ary).

LES SAINTES FEMMES AU TOMBEAU DU CHRIST.

On connaît le caractère de religion profonde et de poésie rêveuse, dont le pinceau d'Ary Scheffer a su empreindre les sujets évangéliques qu'il a reproduits en innovant, sans suivre d'une manière servile les traditions de mysticisme des grands maîtres de l'art chrétien et en devenant le Frà Angelico de notre époque plus morale que pieuse.

Parmi les compositions religeuses dans lesquelles Ary Scheffer a mis toute son âme, les *Saintes Femmes au tombeau du Christ* ont acquis et mérité une popularité qui les classe au rang des œuvres magistrales, universellement aimées et admirées.

Ordonnance générale de l'ensemble, expression saisissante de chaque figure, contraste de la mort qui n'est qu'une transfiguration céleste, avec les douleurs profondes qui éclatent en face de ce cadavre sur lequel la Vierge s'incline en l'enlaçant de ses bras : la parole est impuissante à rendre ce drame où la pureté du dessin s'unit à la sobriété du coloris pour émouvoir le cœur, pour pénétrer l'âme d'une sainte tristesse, à laquelle se joint un rayon d'espérance; car le dernier soupir de la grande victime expiatoire du Golgotha a marqué le salut du genre humain.

H. 55 cent. L. 45 cent. Bois; cintré.

18. SCHEFFER (Henry).

LA VISITE DU MÉDECIN.

Dans un modeste intérieur de village, une mère est assise ayant sur ses genoux son jeune enfant malade. Derrière elle, se tient le père les mains jointes et profondément accablé. Le médecin, assis dans un fauteuil, tâte le pouls au pauvre petit; à l'expression de sa figure on devine que le cas est grave; pas un mot d'espoir ne sort de sa bouche; une grosse larme roule sur la joue de la mère suffoquée de douleur.

H. 39 cent. L. 31 cent. Toile.

19. VAN STRY (Jacob).

LA LAITIÈRE HOLLANDAISE.

Dans un paysage montagneux, une villageoise, portant une cruche et un seau, et accompagnée d'un jeune garçon, vient traire une vache brune couchée au premier plan, près de deux moutons et d'une chèvre.

Sur un chemin, à l'arrière-plan, un cavalier monté sur un cheval blanc accompagne une bergère conduisant son troupeau de vaches. Quelques habitations et les ruines d'un château.

Les rayons du soleil éclairent vivement le groupe principal de ce tableau, qui est du plus beau faire du maître et digne du pinceau d'Albert Cuyp.

H. 34 cent. L. 43 cent. Bois.

20. WONDER (P.-C.).

LA MARCHANDE DE CRÊPES.

Assise sous une tente de toile et éclairée par une lanterne attachée à un poteau, une vieille femme tisonne le feu, contenu dans un pot de fer sur lequel elle fait cuire des crêpes. Plusieurs enfants sont autour d'elle et se régalent de ce mets national.

Ce tableau, exécuté avec une parfaite entente du clair-obscur, rappelle les ouvrages de Schalken.

H. 38 cent. L. 33 cent. Bois.

Provenant des cabinets Jacopssen, Bruxelles, 1841, et Lambert Nieuwenhuys père, Bruxelles.

TABLEAUX ANCIENS

21. BOUCHER (François).

AMOUR ET JEUNESSE.

C'est un épisode des premières années de sa jeunesse que François Boucher a retracé dans ce tableau où il a mis la passion, le mouvement, le charme, dont Jean-Jacques Rousseau a empreint les pages les plus brûlantes de ses *Confessions*.

Nous ne raconterons pas l'épisode d'amour si bien reproduit par un pinceau, dont la chasteté ne fut jamais l'attribut dans ce dix-huitième siècle où les mœurs manquaient de pruderie et déchiraient tous les voiles.

H. 54 cent. L. 46 cent. Toile.

Collection du comte de Cornelissen, Bruxelles, 1857.

22. BREKELENKAMP (Quirin).

LES APPRÊTS DU REPAS.

Devant l'âtre d'une cheminée, est assis un compère de joyeuse mine faisant frire du poisson pour un repas qui n'a rien de cénobitique avec la cruche de grès et les deux pains que l'on voit sur la table.

Un chaudron en métal, un seau, une passoire remplie de poissons, un garde-manger et divers ustensiles de ménage complètent cet intérieur gastronomique.

H. 45 cent. L. 35 cent. Bois.

---

23. BREUGHEL (Jean).

PAYSAGE.

Le peintre a reproduit des habitations villageoises qui s'étendent au loin dans un riant paysage qu'anime le cours sinueux d'une rivière, avec de nombreuses embarcations, plusieurs personnages et quelques baigneurs.

H. 22 cent. L. 25 cent. Cuivre.

---

24. CARRÉ (Michel).

PAYSAGE ET ANIMAUX.

Auprès d'un monticule boisé, un berger, tout en gardant son troupeau, réunit les branches brisées d'un vieux tronc d'arbre qui s'élève à gauche, tandis qu'un mouton erre dans la prairie qui se termine par un horizon de montagnes.

H. 48 cent. L. 58 1/2 cent. Toile collée sur bois.

25. GRYEF (A.).

OISEAUX.

A gauche est un arbre sur le tronc duquel serpente une vigne dont un jeune garçon cherche à cueillir une grappe de raisin; au pied de l'arbre, un banc en pierre sur lequel sont deux paniers et une grande terrine. Un paon, deux dindons, un coq, une poule et deux cochons d'Inde cherchent leur nourriture à l'avant-plan.

Au fond à droite, sur une éminence, on découvre les ruines d'un ancien château.

H. 26 cent. L. 35 cent. Bois.

---

26. HEEM (Jean David de).

FLEURS ET FRUITS.

Grâcieuse composition représentant une tablette recouverte en partie d'un tapis sur lequel est posé un plateau en argent avec un hanap à demi-plein, un citron entamé, un bouquet de cerises, des prunes, une rose à cent feuilles et son bouton. A droite, une grappe de raisins et un quartier d'orange.

H. 47 cent. L. 61 cent. Toile.

---

27. HOOCH (Pieter de).

INTÉRIEUR.

Dans un pavillon, d'où l'on aperçoit le parc d'un beau château, auprès d'une table couverte d'un tapis sur lequel est déposé un plat avec un carafon, un gentilhomme est assis; il chante en s'accompagnant de la guitare ; ses regards se dirigent vers une jeune femme qui entre, à droite, richement vêtue d'une robe de soie rouge, laissant voir un jupon vert broché ; elle porte aussi une guitare.

A droite, près de la table, est assise une dame en robe et en souliers de satin blanc, aux cheveux blonds ornés de perles. Sur ses genoux est ouvert un cahier de musique qu'elle examine en marquant la mesure.

Une servante debout, la main appuyée sur la table, semble écouter avec attention.

Effet intérieur de la lumière qui pénètre par la porte ouverte à droite, et contraste avec l'éclat extérieur d'un jour serein.

H. 67. cent. L. 79 cent. Toile.

Collection du comte de Cornelissen, Bruxelles, 1857.

---

28. HUYSMANS, DE MALINES.

PAYSAGE.

Site italien d'un caractère sauvage, animé par le cours d'une rivière ; au premier plan, deux hommes avec un petit troupeau. Dans une barque amarrée à la rive droite et sur laquelle un bois touffu projette son ombre, on voit une figure.

H. 33 cent. L. 44 cent. Toile.

Ayant fait partie de la collection de feu M. le comte de Robiano, à Bruxelles, en 1837.

---

29. LE MÊME.

PAYSAGE.

Encore un site italien, au premier plan duquel serpente une rivière. On voit un pâtre couché auprès de son troupeau. Au second plan, une barque, une tour avec une habitation ménagée dans l'intérieur, et au fond des collines, des bouquets d'arbres, quelques maisons et des ruines d'un effet pittoresque.

H. 33 cent. L. 44 cent. Toile.

Ayant fait partie de la collection de feu M. le comte de Robiano, à Bruxelles, en 1837.

30. JARDIN (KAREL DU).

PAYSAGE D'ITALIE.

Petite composition qui réunit toutes les qualités donnant tant de prix aux œuvres, du reste, peu nombreuses de Karel Du Jardin. Au pied d'un arbre est assise une bergère qui tient sa quenouille et regarde son chien ; une vache brune qui rumine, deux moutons, une brebis ; sur un monticule, une hutte entourée d'une palissade et à l'horizon des terrains montueux ; voilà tout le sujet traité avec autant de vérité que de bonheur.

H. 23 cent. L. 18 cent. Bois.

Collections de M. Henri Farrer, à Londres, et du comte de Cornelissen, à Bruxelles, 1857.

31. MIERIS (WILLEM VAN).

SUJET MYTHOLOGIQUE.

Au centre d'un beau paysage, où l'on remarque une forêt terminée par un horizon de montagnes, s'élève un chêne au pied duquel Vénus et le bel Adonis sont assis environnés des attributs de la chasse qui sera bientôt si funeste au fils de Myrrha et de Cynire. Un Amour armé d'une pique tient un chien en laisse. Les deux principaux personnages et tous les accessoires sont traités avec ce soin, ce fini, dont Willem Van Mieris avait le secret.

H. 39 cent. L. 48 cent. Bois.

Collection du comte de Cornelissen, Bruxelles, 1857.

---

32. NEEFFS (Peeter).

VUE INTÉRIEURE DE L'ÉGLISE DE NOTRE-DAME D'ANVERS.

Cette composition représente l'intérieur de l'église de Notre-Dame avec les tableaux et les ornements qui la décoraient au milieu du XVIIe siècle.

Au premier plan, un ecclésiastique cause avec un gentilhomme suivi de son page; des cavaliers et des dames circulent sur divers points; près du pilier d'une nef latérale, un prêtre distribue des aumônes; et de nombreux assistants suivent le sacrifice de la messe célébrée à un autel.

Signé sur un pilier Peeter Neeffs.

H. 73 cent. L. 1 m. 4 cent. Bois.

---

33. OSTADE (Adrien Van).

INTÉRIEUR.

Délicieuse composition, dont la vérité naïve et saisissante ne peut se décrire; car jamais Adrien Van Ostade n'a porté plus loin la magie de son pinceau. Sur un banc placé devant une table grossière, est assis un homme qui vient de finir une partie de cartes, et qui tient sa pipe de la main droite, tout en veillant sur une cruche de grès, soigneusement placée entre ses jambes, et en présentant une pièce de monnaie à une femme qui s'apprête à vider son verre de bière.

Debout et le coude appuyé sur le dossier d'une chaise, un troisième personnage se mêle, attentif, à cette scène d'intérieur.

A gauche, un lit dans une alcôve ; au fond une petite fenêtre à vitraux.

H. 27 cent. L. 22 cent. Bois.

Provenant de la collection de M. Thomas Emmerson et décrit au *Supplément du Catalogue raisonné* de Smith, page 112, nº 111.

Collection du comte de Cornelissen, Bruxelles, 1857.

---

34. PYNACKER (Adam).

PAYSAGE ET ANIMAUX.

Site sauvage avec une nappe d'eau à gauche ombragée par un saule, puis des pâturages, des massifs d'arbres, un horizon montueux ; et à droite des broussailles, quelques troncs renversés, enfin une habitation à demi ruinée, auprès de laquelle deux bergers gardent leur troupeau. On distingue encore dans la campagne, éclairée par le déclin d'un beau jour, d'autres pâtres qui veillent aussi sur leur bétail dispersé çà et là. Les figures sont l'œuvre de Nicolas Berchem.

H. 42 cent. L. 48 cent. Toile.

Collections de feu M. Schamp d'Aveschoot, Gand, 1840, et du comte de Cornelissen, Bruxelles, 1857.

---

35. REMBRANDT.

LE GRAND VENEUR.

Quel magicien que Rembrandt ! Nous parlons aujourd'hui de ***réalisme*** ; lui le pratiquait en le portant à ce degré de puissance qui donne la vie aux créations de l'art.

Oui, c'est la vie qui anime cette énergique et noble figure de *Grand Veneur*, dont la joue droite est vivement éclairée, tandis que la gauche est plongée dans une pénombre mystérieuse. Impossible de méconnaître l'influence de l'exercice de la chasse, compris à la manière des grandes races féodales et aristocratiques, dans ces traits fortement accusés, ce teint hâlé, cette chevelure inculte, dont une mèche tombe sur l'arcade sourcilière de l'œil gauche. L'attitude de cet homme peint à mi-corps trahit surtout la dignité du commandement.

Sur le poing gauche ganté, ce type du *forestier* porte un faucon chaperonné.

Quant au costume vraiment pittoresque, c'est un grand manteau de velours brun avec collet noir en forme de pèlerine, tombant sur les épaules et recouvrant en partie son justaucorps d'étoffe verte, qui accuse le modelé de la poitrine, ornée d'une double chaîne d'or aux anneaux étincelants; en dessous, pend une croix de chevalier attachée à un cordon en sautoir, et plus bas, on voit une ceinture dans laquelle repose le pouce de la main droite également gantée.

Il est coiffé d'un large beret en feutre noir doublé de velours rouge et surmonté d'un large plumet recourbé.

Mais ce que l'on ne peut décrire et ce qui est un jeu pour la palette et le pinceau de Rembrandt, c'est l'effet magique de la lumière du soleil s'harmonisant avec de grandes masses de pénombre éclairées par des reflets.

H. 99 cent. L. 80 cent. Toile.

---

36. RUBENS (Pierre-Paul).

PORTRAIT D'UN JEUNE HOMME.

Ce beau portrait a été gravé à l'eau-forte par Spruyt; il a fait partie des collections de Fraula, en 1781, et de M. Van Saceghem, Gand, en 1851.

La physionomie mâle et sévère du modèle est rehaussée par un pourpoint de satin noir, que recouvre en partie un manteau en drap de la même couleur. La main gauche tient un chapeau de feutre;

l'autre est appuyée sur la hanche. Une fraise artistement plissée tranche avec le pourpoint et dans le fond se déploie une draperie rouge achevant de faire ressortir la vigueur de ce portrait.

H. 1 m. 4 cent. L. 74 cent. Bois.

Collection du comte de Cornelissen, Bruxelles, 1857.

Décrit au *Catalogue raisonné* de Smith, vol. II, page 263, nº 889.

37. SART (Corneille Du).

INTÉRIEUR.

Dans l'intérieur d'un estaminet, autour d'une table qui repose sur une tonne, sont plusieurs figures, parmi lesquelles on remarque un vieillard qui vient de verser à boire à une bonne villageoise qui tient de la main gauche sa petite fille ; derrière, est un fumeur, et près de la fenêtre, un joueur de violon, ayant à côté de lui une mère qui allaite son enfant ; cette partie est éclairée par une fenêtre à petits vitraux qui laisse voir un village et une partie du ciel. Au fond, est une vaste cheminée auprès de laquelle sont groupés quelques fumeurs et une femme ; des chaudrons, des pots et divers accessoires ornent cette composition.

H. 40 cent. L. 48 cent. Toile.

38. SLINGELAND (Pierre Van).

PORTRAIT D'UN MAGISTRAT.

Ce personnage représenté en pied, avec le costume dénotant son caractère officiel, est accoudé du bras gauche sur une balustrade en pierre taillée.

Dans le fond est l'entrée d'un parc.

H. 49 cent. L. 36 cent. Bois.

Provenant de la vente de Daniel Hooft, à Amsterdam, 1860.

39. STEEN (Jean).

INTÉRIEUR DE MÉNAGE.

Neuf personnages, tous remarquables par la finesse et l'expression, cachet distinctif du talent rempli de verve de Jean Steen, animent cet intérieur aux dimensions réduites, mais dont chaque détail est un trait de mœurs. Il serait trop long de décrire les personnages, le mobilier, les divers accessoires; il suffira seulement de dire que Jean Steen a déployé dans cette composition toute cette profondeur d'observation qui excellait à reproduire les scènes comiques, avec un léger mélange d'amertume.

H. 38 cent. L. 31 cent. Bois.

Collection du comte de Cornelissen, Bruxelles, 1857.

---

40. TENIERS (David, le fils).

INTÉRIEUR.

David Teniers représente un intérieur de cuisine avec poêlon, bouteilles, cruche, bloc de bois, chaudron en cuivre, casserole, tonneau et d'autres accessoires parfaitement rendus; un jeune homme en veste grise, un feutre sur la tête, se dirige vers la droite avec un plat qu'il porte; au fond devant la cheminée où brûle un feu pétillant, deux hommes et une femme. Effets piquants de lumière à gauche sur la table et le mur, tandis que la partie à droite est plongée dans une demi-teinte tout à fait harmonieuse.

H. 37 cent. L. 45 cent. Bois.

Ce tableau, qui provient de la galerie de M. Tolozan (1801), a figuré au château de la Malmaison et fut donné par l'impératrice Joséphine à son médecin, le docteur Foncier. Smith l'a décrit dans son *Catalogue raisonné*, vol III, page 359, nº 376.

Collection du comte de Cornelissen, Bruxelles, 1857.

41. VAN DER MEULEN (Antoine).

BATAILLE.

A l'entrée d'un village dont les habitations s'élèvent ombragées de massifs d'arbres, deux corps de troupes ont engagé une lutte acharnée, qui a jonché le sol de morts et de blessés. Quelques épisodes caractéristiques, des chevaux qui fuient sans leurs maîtres, un officier défendant l'étendard confié à son courage, deux cavaliers qui accourent le pistolet au poing pour prendre part au combat; des soldats dispersés dans la plaine; partout ce mouvement, cette animation dont Antoine Vander Meulen savait empreindre les péripéties de la guerre, qu'il avait apprise en suivant les armées de Louis XIV.

H. 54 cent. L. 84 cent. Bois.

Collection du comte de Cornelissen, Bruxelles, 1857.

---

42. WOUWERMAN (Philippe).

SAINT MARTIN.

C'est l'épisode bien connu de la charité de saint Martin, coupant son manteau qu'il partage avec un pauvre, auquel il n'a rien autre à donner.

Un beau cheval blanc, qui rappelle les prédilections de Philippe Wouwerman, et un paysage traité avec un soin exquis, des ruines couvertes de broussailles, une ville à l'arrière-plan; en quelques mots, voilà l'ensemble de cette charmante composition.

H. 32 cent. L. 36 cent. Bois.

Provenant de la collection de M. J. de Rooze, La Haye, 1747, mentionné au *Catalogue raisonné* de Smith, vol. 1, page 202, nº 6.

Collection du comte de Cornelissen, Bruxelles, 1857.

43. WYNANTS (Jean).

PAYSAGE.

Une femme est assise au pied d'un monticule qu'ombrage un épais taillis; près de cette femme un paysan debout; à gauche, un gentilhomme qui part pour la chasse avec deux chiens; sur le même chemin, on remarque un cavalier qu'accompagne un piéton · ils s'enfoncent dans le bois; au fond, s'élève un château.

Au premier plan, une nappe d'eau, et à droite des pavots, des chardons, un tronc d'arbre renversé.

H. 53 cent. L. 70 cent. Toile.

Collection du comte de Cornelissen, Bruxelles, 1857.

---

44. LE MÊME.

PAYSAGE.

Un chêne à l'écorce raboteuse et dont le tronc a été brisé par les vents s'élève vers la gauche d'un paysage et forme l'entrée d'un bois sombre et couvert; sur le chemin sablonneux qui suit la lisière du bois est un chasseur à cheval, accompagné de sa meute et poursuivant un cerf qui s'élance dans la campagne vers la droite, où se trouvent quelques habitations rustiques et des massifs d'arbres s'élevant sur des tertres sablonneux.

H. 84 cent. L. 75 cent. Bois.

45. TENIERS (David) le fils.

LA TENTATION DE SAINT ANTOINE.

Assis dans la grotte, le saint ermite est plongé dans une méditation dont rien ne peut le distraire.

En vain la cohorte infernale, sous les formes les plus grotesques et les plus fantastiques, le harcèle et cherche à lui inspirer quelque frayeur ; il demeure inébranlable.

H. 23 cent. L. 35 cent. Bois.

Collection du comte de Cornelissen, Bruxelles, 1857.

46. LE MÊME.

VUE DE L'ÉGLISE DU VILLAGE DE PERCK.

Du sein de quelques arbres qui le cachent en partie, s'élève le clocher de l'église de Perck ; on voit quelques habitations s'étendant vers la droite et au fond.

Quelques figures animent cette petite production.

H. 24 cent. L. 34 cent. Bois.

47. HACKAERT (Jean).

PAYSAGE ET ANIMAUX.

Un bois de haute futaie occupe tout le fond et la droite du paysage ; le premier plan est baigné par une nappe d'eau que traverse une villageoise chassant devant elle un âne chargé ; un pâtre, armé de sa houlette, dirige son troupeau de trois vaches dans le chemin qui mène au village, dont on aperçoit au fond quelques habitations.

Les figures et les animaux sont attribués au pinceau de Van de Velde.

H. 49 cent. L. 58 cent. Toile.

Collection du comte de Cornelissen, Bruxelles, 1857.

48. HERP (Van).

LE PREMIER VIN DE LA VENDANGE.

Dans un intérieur splendide, sont attablés les divers membres qui composent la famille d'un riche personnage. Ce dernier, vêtu d'une houppelande doublée de fourrures, est assis dans un large fauteuil et s'apprête à porter à ses lèvres un hanap plein de vin, au moment où trois figures joyeuses se montrent à la porte.

H. 58 cent. L. 89 cent. Bois.

Collection du comte de Cornelissen, Bruxelles, 1857.

---

49. SCHALKEN (Godefroid).

PORTRAIT DE FEMME.

Elle est richement vêtue et tient de la main droite une montre et appuie l'autre sur un coussin de velours rouge.

H. 48 cent. L. 39 cent. Toile.

---

50. ALLORI (Alexandre) dit Bronzino.

PORTRAIT DE FEMME.

La physionomie, l'attitude, mais surtout le costume, robe verte à manches tailladées, ample collerette blanche, indiquent une haute distinction.

H. 81 cent. L. 65 cent. Bois.

Collection de M. L. Nieuwenhuys père, Bruxelles.

---

51. 52. GUARDI.

VUES DE VENISE.

Vue de la *Madonna d'Orto* et Vue d'un canal sillonné de nombreuses gondoles.

H. 29 cent. L. 45 cent. Toile.

www.ingramcontent.com/pod-product-compliance
Ingram Content Group UK Ltd.
Pitfield, Milton Keynes, MK11 3LW, UK
UKHW022140260726
13993UKWH00005B/2051

9 782329 522623